BEI GRIN MACHT SICH IHR WISSEN BEZAHLT

AF151414

- Wir veröffentlichen Ihre Hausarbeit, Bachelor- und Masterarbeit

- Ihr eigenes eBook und Buch - weltweit in allen wichtigen Shops

- Verdienen Sie an jedem Verkauf

Jetzt bei www.GRIN.com hochladen und kostenlos publizieren

Bibliografische Information der Deutschen Nationalbibliothek:

Die Deutsche Bibliothek verzeichnet diese Publikation in der Deutschen National-
bibliografie; detaillierte bibliografische Daten sind im Internet über http://dnb.d-
nb.de/ abrufbar.

Impressum:

Copyright © 2013 GRIN Verlag, Open Publishing GmbH
Druck und Bindung: Books on Demand GmbH, Norderstedt Germany
ISBN: 9783656501268

Dieses Buch bei GRIN:

http://www.grin.com/de/e-book/233299/charakterisierung-der-antonie-tony-bud-
denbrook

Michael Hoffmann, Flemming Petersen, René Krick

Charakterisierung der Antonie (Tony) Buddenbrook

GRIN Verlag

Charakterisierung von Antonie Buddenbrook (gesch. Grünlich, gesch. Permaneder) anhand ihrer Geschichte

Klausurersatzleistung
Fridtjof-Nansen-Schule

Antonie Buddenbrook (auch Tony genannt) ist die 1827 geborene Tochter von Elisabeth und Johann (Jean) Buddenbrook und damit Schwester von Thomas, Christian und Clara Buddenbrook. (vlg. S.7 o) Tony war zwei Mal verheiratet (das erste Mal mit Bendix Grünlich (vlg. S.161) und das zweite Mal mit Alois Permaneder (vlg. S.333 u) und ist die Mutter von Erika Grünlich (vlg. S. 175 o) (verh. Weinschenk). Sie hat graublaue Augen, blondes gelocktes Haare und ist normalgewachsen (vlg. S.7 m).

Schon in Ihrer Kindheit wird ein starker Hang zum Luxus deutlich, als sie beim Frühstück mit der Familie am Anfang des Buches das reichhaltige Angebot genießt, und als Selbstverständlichkeit hinnimmt. Zu dieser Zeit zeigt sich auch ihr Geltungsdrang und ihre Hochnäsigkeit, als sie sich ab Seite 64, bei Spaziergängen durch die Stadt als etwas Besseres aufführt und sich über das andersartige Verhalten einiger Menschen lustig macht. Als Grund für dieses Verhalten gibt sie stets ihre Herkunft an. Sie ist schließlich eine Buddenbrook und kann sich so ein Verhalten erlauben. (vgl. S. 64 und 82, 199-200) Ihr Vater ordnet an, das sie ihre Jugend im Mädchenpensionat von Sesemi Weichbrodt (vlg. S. 83) verbringen soll, wo sie sich mit Gerda Arnoldsen aus Amsterdam, Armgard von Schilling aus Mecklenburg und Eva Ewers befreundet. Es sind ihre ersten und einzigen erwähnten Freunde (vgl. S. 86). Als Volljährige verlässt sie die Pension und kehrt zurück in die Mengenstraße.

Ihre Nachmittage sind geprägt von seichter Beschäftigung. So liest sie zeitgenössische Liebesromane von Hoffmann (vgl. S. 91 m) und kommentiert mit ihren Geschwistern das Verhalten anderer Menschen (vgl. S. 98). Besonders offen hingegen zeigt sie sich bei Unterhaltungen über Kleidung (z.B. Schuhe auf Seite S.92u).

Während eines Nachmittags der Familie kommt Bendix Grünlich unangekündigt zu Besuch, um die Familie kennen zu lernen. (vgl. S. 98 o) Für Tony ist er zu diesem Zeitpunkt noch völlig unbekannt, doch sie bekommt das Gefühl, dass Grünlich nur erzählt, was ihre Eltern hören wollen (vlg. S. 142 o). Die Konsulin dagegen ist weniger kritisch, zeigt sich stattdessen begeistert von ihm. Sie ist entzückt von dessen christlicher, wohlerzogener und weltläufiger Erscheinung (vgl. S.95o-m). Tony lässt sich von ihm aber nicht beeindrucken und verhält sich ablehnend, da sie ahnt, dass dieser alles nur vorgaukelt (vgl. S.96).

Einige Tage später begegnet Tony ihm wieder in der Nähe des Elternhauses. Er verhält sich ihr gegenüber sehr freundlich, geradezu „schleimerisch". Wieder zeigt sich Tony so abweisend wie nur möglich (vgl. S.99). Denn durch Grünlichs werben hat die Leichtigkeit ihres bisherigen Seins ein Ende, denn mit der aufdringlichen und penetranten Art von Grünlichs Werben ist sie überfordert (vgl. S. 99 u. 102). Sie verweigert sich ihm, da sie seine Masche schon beim ersten Treffen durchschaut hat. Denn ähnlich wie Charisma nicht auf charismatische Menschen wirkt, so wirkt auch Bendix' Schmeichelei nicht auf Tony, denn sie teilen einige Charaktereigenschaften (z.B. den Egoismus; Narzismus und die Fähigkeit andere Leute für sich einspannen zu können)(vgl. S. 64). Zwar plädieren ihre Familie und Bekannten dafür ihn zu heiraten, da er eine gute Partie ist (vgl. S.104) und es Zeit wird, das Tony das wahre Leben kennen lernt, doch Tony verweigert sich weiterhin, wie man auf Seite 105 sieht, wo sie sagt:»Was für ein Unsinn, Grünlich zu heiraten!« Es zeigt, dass sie trotz widriger Umstände ihrer Meinung treu bleibt, wenn ihr Leben bei den Buddenbrooks in Gefahr ist.

Unter diesem Druck verfällt sie jedoch in eine Art Depression, die mit verweigerter Nahrungsaufnahme einhergeht (vgl. S.113). Sie ist (noch) nicht fähig sich selbst zu helfen und soll sich dann auf den Wunsch ihres Vaters (Johann Buddenbrook) in Travemünde während der Sommerferien erholen (vgl. S.114).

In Travemünde ist sie bei einer einfachen Lotsenfamilie untergebracht (vgl. S. 114). Das einfache Leben dort stört die luxusorientierte Tony fürs Erste nicht, dazu findet sie die neuen Umstände viel zu interessant (vgl. S. 119, 122).

Während ihres Aufenthaltes lernt sie Morten Schwartzkopf, den Sohn des Lotsenkommadeurs kennen, der Medizin studiert. (vgl. S. 120 f.) Die ungebildete Tony wird mehrfach von Morten belehrt und zitiert daraufhin in Gesprächen gern und unreflektiert Mortens Aussagen (vgl z.B. S. 451). Sie nimmt seine Aussagen sogar als ihre eigenen wahr, als sie u.a. auf Seite 617 eine von Morten getätigte Aussage als eigene verkauft. Es zeigt sich hier ihre Abhängigkeit von anderen Menschen und mangelnde Selbstreflexion.

Sie verliebt sie sich in Morten (vgl. S. 145), dessen Wissen und Ansichten sie faszinieren, weil sie neu für sie sind, meidet aber die direkte Konfrontation mit seinen Thesen, da dies bedeuten würde sich selbst Steine in den Weg zu legen. (vgl. S. 136).

Sie gefällt sich in der Rolle, der belehrbaren, gehorsamen Frau, solange ihr Wohlstand nicht gefährdet ist (vgl. S. 198-199), was sie scheinbar von ihrer Mutter geerbt hat (vgl. S. 75-78 u. 203). Zwar darf man nicht vergessen, dass Frauen zu der Zeit, in der „Die Buddenbrooks" handeln, unterdrückt und abhängig von den Männern waren, doch nutzt Antonie diese Tatsache geschickt und zeigt darin ihre ungeheure Lebenstüchtigkeit. Sie ist fähig unter den verschiedensten Bedingungen zu Leben, weil sie sich immer wieder anpasst und bei Wiederstand, wie sie es durch die Situation mit Grünlich gelernt hat, schnell flieht. (vgl. S. 229 u. 231).

Dass sie sich in dieser, von ihr erzeugten Opferrolle gefällt, zeigt sich auf Seite 154-155, als Thomas sie von Morten abholt und Tony sich über ihr Leid, die von anderen entrissene Liebe, beklagt.

Zurück in Lübeck vergisst sie Morten allerdings schnell, als sie die Familien Chronik sieht, und begreift, dass sie nun aktiv etwas tun kann um das Ansehen der Familie zu mehren (starker Familiensinn) und ihren eigenen Luxus zu sichern.

So trägt sie die zuvor noch verneinte Verlobung mit Bendix Grünlich in die Familienchronik ein (vgl. S.158). Wie es Tonys luxusliebender Natur entspricht, findet gegen Anfang des Jahres 1846 die prachtvolle Heirat statt (vlg. S.161u.). Zu deren Feier wird ein Polterabend veranstaltet, bei dem sich Tony der High Society Lübecks präsentieren kann. Aus der Ehe mit Bendix Grünlich geht später Erika Grünlich hervor (vlg.S.175).

Antonie wollte sie zuerst Meta nennen, nach der kleinen Schwester und Mutter von Morten, wie sie in dem Brief auf Seite 175 an ihre Eltern schreibt. Der Namenswunsch ist der Beweis dafür, dass sie immer noch an Morten hängt und (in Gedanken) nicht von ihm ablassen kann.

Aufgrund ihres Egoismusses ist sie nicht fähig Erika selbstlos zu lieben, daher will sie ein Kindermädchen einstellen, was Bendix aus finanziellen Gründen aber ablehnt (vgl. S. 189).

Neben dem Frühstück mit der Familie ihrer Mutter zeigt sich ihr Hang zum Luxus auch bei der Trennung von Grünlich (vgl. S. 203, 229), da dieser Bankrott gehen muss, denn Jean Buddenbrook verweigert die weitere Unterstützung Bendix' (vgl. S. 225). So konfrontiert Johann sie mit einem Leben ohne Luxus, sollte sie bei Bendix bleiben.

Aber in Armut zu Leben ist für sie schlimmer als zu sterben, so stimmt sie der Scheidung zu, einmal weil sie Bendix Grünlich nie liebte und weil sie sich nicht vorstellen kann in Armut zu leben (vgl. Seite 214, 217 u. 219).Wieder in Lübeck spricht sie gerne über ihre Trennung von Grünlich, obwohl es der Familienehre geschadet hat.

Sie gefällt sich aber in der neuen Rolle als lebenserfahrene Frau (vgl. S.231), die viel durchgemacht hat.

Nachdem Jean stirbt wird die Konsulin immer religiöser und lädt Pastoren ein (vgl. S.280u). Das missfällt Tony, die die Art der Pastoren, sich aushalten zu lassen erkennt, wie schon damals das falsche Verhalten von Grünlich.

Als die Konsulin Unterricht für mittellose Mädchen zu geben beginnt, beschwert Tony sich.

Denn durch ihre egoistische Art kann Antonie nicht verstehen warum man anderen selbstlos hilft (vgl. Seite 278-279).

Im April 1857 fährt Tony, die sich in der frommen Gesellschaft der Mengenstraße langweilt, zu ihrer Pensionsfreundin Eva Ewers, nach München. Es ist ihre erste und einzige Reise in ‚fremde' Kulturkreise, da sie dem Fremden mit Abneigung gegenüber steht, wie sie in einem Brief an die Familie schildert.

Thomas kommentiert den Brief mit den Worten: »Sie ist unbezahlbar, Mutter! Wenn sie heucheln will, ist sie unvergleichlich! Ich schwärme für sie, weil sie einfach nicht imstande ist, sich zu verstellen, nicht über tausend Meilen weg …«.

Thomas, der den einfachen, aber heuchlerischen Charakter seiner Schwester genau kennt, liebt sie aber trotzdem, weil er weiß, dass sie selbst nicht erkennt, dass sie heuchelt, sondern sich selbst in jeder Lebenslage glaubt.

In München lernt sie den Hopfenhändler Alois Permaneder kennen. Die für Tony wichtigste Eigenschaft an ihm, ist die, dass er, wie sie denkt, eine gute Partie wäre (vgl. S.366 m).

Bei ihrer Rückkehr wartet sie ungeduldig auf Alois' Besuch in der Mengstraße. Als er aber kommt ist Tony enttäuscht von seiner derben Ausdrucksweise (vgl. S.333u f.), da sie selbst (und auch ihre Familie) sonst immer sehr auf Sprache und Wortwahl geachtet hat. In München war sein Verhalten normal und fiel daher nicht negativ auf. In Lübeck jedoch ist es ungewöhnlich und unangebracht. Sie will Herrn Permaneder aber eigentlich heiraten und steckt daher nun in einem Konflikt. Diesen versucht sie zu lösen, indem sie ihre bisherige Meinung (bezüglich der Bedeutung der Sprache) auf Thomas projiziert und bei diesem dann kritisiert. Wie damals bei Grünlich heiratet sie Permaneder nur, weil sie glaubt er sei eine gute Partie. So hofft sie, wie auf Seite 341 erwähnt durch eine zweite Ehe die Blamage der ersten wieder korrigieren zu können.

Nach der Heirat zieht sie mit Erika nach München, wo sich der gemütliche Permaneder zu ihrem Entsetzen mit ihrer Mitgift zur Ruhe setzen will (vgl. S.356o).

In München fest angekommen stellt sich heraus, dass sie nicht mit Permaneders Lebensstil und der Kultur im fremden München fertig wird (vgl.S.367o).

Daraufhin beginnt sie nach einem Grund für eine Trennung von Permander zu suchen.

Als dann ihr zweites Kind nach der Geburt stirbt, schreibt sie nach Hause »Ach, Mutter, was kommt auch alles auf mich herab! Erst Grünlich und der Bankrott und dann Permaneder als Privatier und dann das tote Kind. Womit habe ich so viel Unglück verdient!« (S.369)

Der Konsul konnte sich eines Lächelns nicht verwehren, denn er wusste, dass Tony ihr Leben lang ein Kind bleibt.

Daraus ergibt sich ihre Fähigkeit, Schicksalsschläge schnell zu verarbeiten. Sie ist ein „Stehaufmännchen". Doch diese positive Eigenschaft ist letztlich nur das Ergebnis diverser schlechter (u.a. Egoismus und Narzissmus).

Eines Abends versucht sich Permander betrunken an der Köchin zu vergreifen. Antonie nimmt das zum Anlass diese Ehe und die ihr vollständig fremd gebliebene Stadt in einer Nacht und Nebel Aktion im November 1859, wie auf Seite 374 beschrieben, zu verlassen.

Sie reist über Berlin, von wo aus sie eine Depesche an ihre Familie schickt wieder zurück nach Lübeck. In Lübeck streitet sie sich mit Thomas, welcher will dass sie sich nicht wegen einer solchen Bagatelle (vgl. S.374o) lächerlich macht. Tony aber will nie wieder zurück.

Ab hier steigert Antonie sich wieder in ihre selbst-, aber unbewusst (weil nicht reflektierte), erwählte Opferrolle rein, sie sagt auf Seite 389 zu Thomas: »ich bin nun fertig … ich habe abgewirtschaftet … ich kann nichts mehr ausrichten … ja, ihr müßt mir nun schon das Gnadenbrot geben, mir unnützem Weibe.«

Selbst Doktor Gieseke konnte ihr nicht bestätigen, dass ihre genannten Gründe für eine Scheidung reichen, also verlangt Tony von Thomas Permaneder die Scheidung in einem Brief mitzuteilen (vgl. S.392).

Nach ihrer Scheidung bietet sich Tony wieder eine Bühne als lebenserfahrene Frau. Tony ist geradezu besessen davon und redet mit jedem darüber – unabhängig davon, ob sich ihr Gesprächspartner überhaupt dafür interessiert (vgl. S.392u).

Thomas ist beizeiten in ein neues Haus in der Fischergrube eingezogen, aber es bereitet ihm keine Freude. Er glaubt, sein Abstieg habe angefangen, Misserfolg reiht sich nun an Misserfolg. Auch wird er häufig von Gedanken an den Tod ergriffen (vgl. S.430u).

Durch Hannos Geburt und die Ernennung zum Senator habe es so ausgesehen, als ginge es wieder bergauf (vgl. S.431o).

Doch zu Tony sagt er, dass das nur Äußerlichkeiten, die erst dann aufträten, wenn tatsächlich schon längst der Abstieg begonnen habe. Dass Tony ein solch ernstes Gebräch zu anstrengend ist zeigt sich daran, dass sie ihrem Bruder, wie auf Seite 431 beschrieben nicht richtig zuhört, mühsam atmet und nicht viel von Thomas' Logik hält. Sie beweist, dass sie eine kalte Egoistin ist, die sich nie mit realen, wichtigen Problemen anderer befassen würde.

Als Ihre Schwester Clara stirbt und Tiburtius das Erbe von der Konsulin zugesichert bekommen hat, ist Thomas außer sich. Sie könnten einen solchen Verlust nicht wieder wettmachen. Doch weder Tony noch die Konsulin sehen sich in der Schuld. Überhaupt neigt die Konsulin, wie Tony erkennt, weil sie es selbst tut, dazu von unliebsamen Themen abzulenken (vgl. S. 432).

Das Tony immer noch die kindlich, einfältige Egoistin ist, zeigt sich an Seite 435, als sie sagt, dass das Erbe nach Tiburtius Tod wieder an sie zurückfällt und Thoms sich deswegen doch keine Sorgen machen müsste. Außerdem könne Thomas noch die Konsulin verklagen.

Umso glücklicher macht sie die Heirat ihrer Tochter Erika mit Hugo Weinschenk, die sie quasi organisiert hat, indem sie Erika dazu gedrängt hat sich zu verloben, schließlich sei Hugo eine gute Partie und würde nicht nur Erika sondern vor allem auch ihr Ehre einbringen (vgl. S. 439). Auf Hugos Wunsch hin wird beschlossen, dass auch Tony in die neue luxuriöse Wohnung einziehen soll, um Erika im Haushalt zu helfen. Nicht zuletzt gibt ihr dieser Umzug das Gefühl, die Misserfolge ihres alten Lebens hinter sich zu lassen und noch einmal eine Heirat genießen zu dürfen – ganz so, als wäre sie „die eigentliche Braut" (vgl. S.445m). Wieder einmal beweist sie ihre Realitätsfremdheit, denn sie ist nicht im Stande Erika ihr eigenes Leben leben zu lassen, ohne sich selbst darin Geltung zu verschaffen. So lässt sie Erika auch bei Besuch, aufgrund ihres Verhaltens, selbst wie ein Gast im eigenen Hause aussehen (vgl. S. 447u.).

Bei einem Treffen mit Thomas erzählt sie diesem von ihrem Besuch bei Armgard von Schilling.

Deren Ehemann habe hohe Schulden angehäuft und müsse nun seine Ernte verkaufen, lange bevor diese tatsächlich geerntet wurde. Sie schlägt Thomas, aufgrund ihres fehlenden moralischen Bewusstseins vor, auf das Geschäft einzugehen und so einen netten Gewinn zu machen.

Thomas empfindet dies als unmoralisch und ausbeuterisch, daher lehnt er gereizt ab. (vgl. S.457) Nachdem er auf Drängen von Tony doch auf das Geschäft eingegangen ist, wird wenig später die Ernte durch Hagel vernichtet. Ein erneuter finanzieller Rückschlag, der Tony aber nicht weiter bekümmert, denn sie glaubt ihn nicht verursacht zu haben und tröstet Thomas über den Rückschlag nur spärlich hinweg. Als der Staatsanwalt Lübecks, Moritz Hagenström, Hugo des Betrugs beschuldigt beklagt sie sich über ihn, weil sie eine Verurteilung hart treffen und ihre Hoffnung auf ein normales Leben zerstören (vgl. S.527m) würde.

Als Hugo verhaftet werden soll, fleht sie Thomas an die Kaution zu bezahlen (vgl. S.551), was dieser aber ablehnt.

Antonie hat sich immer gewünscht, der Familie etwas Ehre einzubringen (vgl. S.553u). Doch nun zerplatze auch die letzte Hoffnung darauf und Erika werde es genauso ergehen wie ihr. Traurig weint sie voller Selbstmitleid, wie schon einige Male zuvor (z.B. Trennung von Grünlich), über ihr verfehltes Leben.

Als nach dem Tode der Konsulin ihr Erbe besprochen wird, übernimmt Tony mit Opfermiene viele der kleineren Dinge (vgl. S.573u). Sie verzichtet gerne, um sich in ihrer Aufopferung zur Familie zu präsentieren. Aber auch das Elternhaus in der Mengenstraße soll verkauft werden. Sie schluchzt und weint bitterlich, weil das Haus für sie Wohlstand bedeutet und sie den Großteil ihres Lebens dort verbracht hat, kann sich dann aber wieder fassen, gibt sich würdevoll und stimmt dem Verkauf schließlich zu. Doch wird das Haus nicht so gewinnbringend verkauft wie gedacht und dann auch noch ausgerechnet an Hermann Hagenström, den Tony seit Kindertagen für ihren Feind hält, empört sie.

Bei der Beerdigung steht Tony direkt neben dem Kopfende des Sarges, im Sichtfeld aller Anwesenden, während der Rest der Familie schlechtere Plätze einnimmt (vgl. S.589u). Sie genießt auch hier wieder nur ihre Rolle im Rampenlicht.

Nachdem das Haus verkauft und der Hausstand aufgelöst war, zieht sie mit Erika in eine andere Wohnung am Lindenplatz, die sie liebevoll einrichtet, um ihrem Leben wieder etwas Luxus zu geben.

An einem Sonntagabend ist Tony zu Besuch bei Thomas und Gerda. Thomas liest in der Zeitung, während die anderen beiden sich mit Handarbeiten beschäftigen (vgl. S.616o).

Thomas beklagt sich über die Inhaltslosigkeit der Zeitung und natürlich zitiert Tony sogleich Mortens Meinung über die Nutzlosigkeit der Klatsch-und-Tratsch-Blätter (vgl. S.617o).

Hin und wieder kommt Tony zu Besuch nach Travemünde (S.670). Bei einem der Spaziergänge mit ihrem Bruder zitiert sie, wie so oft munter Morten, so zum Beispiel auf Seite 670, als sie von der Gleichheit aller Menschen spricht.

Thomas beneidet sie dafür, nie etwas stumm heruntergeschluckt haben zu müssen.

Tony hat immer offen über ihre Probleme gesprochen, beklagt sich über diese und weint, wenn ihr danach ist. Sie hat zwar viel erleben und verdauen müssen (daher der ständig angegriffene Magen), muss aber nichts dauerhaft mit sich rumschleppen (daher das reine Herz). Als Antonie mit Thomas zum Seetempel hinauf steigt, schauen beide gemeinsam auf die See hinaus (vgl.S.671m).

Thomas ist fasziniert vom einfachen, beruhigenden und tröstenden Meer, dessen Wellen schier endlos aufeinander folgen. Aufs Meer schaue man fatalistisch, hoffnungslos und desillusioniert (vgl. S.672o). Er sagt: Der Gesunde gehe ins Gebirge, der Kranke ans Meer (vgl. S.672m). In der dortigen Einfachheit fände er Ruhe von der Wirrnis des Inneren.

Tony kann mit solch komplexen Gefühlen nichts anfangen, wie sie schon oft bewiesen hat, interessiert sie sich nicht einmal groß für andere, aus diesem Grund schweigt sie bei den Worten ihres Bruders nur und ist peinlich berührt, ja, schämt sich sogar für ihn. Als Thomas später in Lübeck im Sterben liegend nach Hause gebracht wird, reagiert sie erschrocken und traurig. Als dieser stirbt wirft sie sich an sein Bett und beginnt laut zu weinen (vgl. S.685u), damit erleichtert sie ihr Gewissen und kann anschließend bereits über die zu druckenden Todesanzeigen nachdenken (vgl. S.686).

Aus der Beerdigung ihres Bruders macht Tony, die Huldigungen desselben liebt, eine Art Schau, die zeigen soll wie groß Thomas Buddenbrook und damit vor allem die Familie Buddenbrook war.

Der in dem Testament festgelegte Verkauf der Firma (vgl. S.695u) stimmt Antonie traurig, denn einen Nachfolger für Thomas gäbe es, nämlich Hanno, der in ihren Augen die Firma wieder zu Ruhm und Ehre bringen könnte (vgl. S.696).

Tony kommt nicht gut mit dem Abstieg der Familie klar. Je schlechter die Lage wird, desto mehr redet sie von der großartigen Vergangenheit, so zum Beispiel, als sie auf Seite 700 von Johann (dem Älteren) spricht, der noch mit Pferd und Kutsche durch das Land zog, um die Firma in Gang zu bringen.

Hannos Typhus Tod beklagt Tony mit bitteren Tränen (vgl. S.758m). Sie hat den Jungen über alles geliebt. Am Ende ist Antonie Buddenbrook die letzte Überlebende (Christian sitzt in einer Nervenheilanstalt fest und der Rest der männlichen Vertreter ist tot). Sie glaubt nicht daran, dass es im Jenseits ein Wiedersehen gibt, was in Kontrast zu ihrer Gläubigkeit am Anfang des Buches steht.
Tony wäre die perfekte Nachfolgerin für Jean gewesen, da sie alle Notwendigen Charaktereigenschaften zum Kaufmann (u.a. Skrupellosigkeit, Egoismus usw.) besitzt, wenn sie selbst arbeiten und sich nicht aushalten lassen würde.

So ist schlussendlich festzuhalten, dass Tonys Rolle als Leidende und vom Unglück Heimgesuchte, sie vor dem Untergang bewahren.
Sie überlebt, weil sie sich alle Dinge so drehen kann, wie sie sie grade braucht. Sie spielt sich quasi frei vom Ernst des Lebens in ihrer eigenen kleinen Welt.